VINHO DESCOMPLICADO: GUIA PARA INICIANTES NO MUNDO DO VINHO

Aprenda a escolher qualquer estilo de vinho no supermercado, na enoteca, no restaurante ou para receber os amigos em casa

PAULO MEDEIROS

Edição 2.0 – agosto de 2019

Copyright © 2019 por Paulo Medeiros

Todos os direitos reservados, incluindo os direitos de reprodução total ou parcial, de qualquer forma.

Termo de Isenção de Responsabilidade

Ainda que tenham sido realizadas todas as tentativas para verificar a informação fornecida nesta publicação, nem o autor nem a editora se responsabilizam por erros, omissões ou interpretações contrárias ao assunto objeto da presente obra.

Este livro é para fins de entretenimento apenas. As opiniões expressadas são apenas as opiniões do autor e não devem ser tomadas como instrução de um especialista. O leitor é responsável pelas suas próprias ações.

A adesão a todas as leis e regulamentos nacionais ou internacionais são de exclusiva responsabilidade do leitor. Nem o autor nem o editor assumem a responsabilidade em nome do comprador ou leitor deste material.

SUMÁRIO

Por que as pessoas bebem vinho?..........10
Para quem está começando agora!..........11
O Vinho..........14
    Vinho Tinto..........14
    Uva tinta, vinho tinto. Uva branca, vinho branco!..........14
    Vinho Branco..........16
    Outros estilos..........18
Velho Mundo ou Novo Mundo?..........22
    Velho Mundo..........22
    Novo Mundo..........23
Rótulo..........28
    Rótulo com denominação de origem..........29
    Rotulação por varietal (uva)..........30
Degustação..........32
    Aparência..........33
    Olfato..........34
    Paladar..........35
O Preço..........39
    A compra no Supermercado..........45

- Em lojas de vinho..........46
- Nos sites..........47
- Em Vinícolas..........49

As Uvas..........51
- Uvas Tintas..........51
- Cabernet Sauvignon..........51
- Merlot..........52
- Syrah ou Shiraz..........52
- Touriga Nacional..........53
- Tempranillo..........54
- Pinot Noir..........54
- Sangiovese, Nebbiolo e Primitivo..........55
- Malbec..........56
- Uvas Brancas..........56
- Chardonnay..........56
- Sauvignon Blanc..........57
- Riesling..........57
- Moscato..........58
- Sémillon..........58

Principais Regiões no Velho Mundo..........60
- França..........60

- Espanha 61
- Itália 62
- Portugal 63
- Outros países do Velho Mundo 64
- Principais Regiões no Novo Mundo 65
  - Estados Unidos da América 65
  - América do Sul 66
  - África do Sul 67
  - Austrália e Nova Zelândia 68
- Harmonização Básica 70
  - Sobremesa 73
- Recebendo Visitas 76
  - Quantidade servida 79
  - Temperatura de serviço do vinho 79
- Armazenamento do Vinho 82
- Objetos Para Casa 86
- Beba com Responsabilidade 88
- Beba Como Quiser 90
- GLOSSÁRIO 92

Sobre mim

O vinho tornou-se uma das minhas paixões a mais de 20 anos. Com o tempo, além de beber muitos tintos, brancos e espumantes, aumentando consideravelmente minha "litragem", passei a ler despretensiosamente sobre o assunto, depois a frequentar degustações, quando percebi, já estava fazendo cursos, realizando visitas técnicas em vinícolas e agora escrevendo sobre vinho.

Atualmente sou certificado com o Nível 2 (IWC – Advanced Wine Certificate) pela ISG – Internacional Sommelier Guild. Correspondente ao segundo de três passos para a qualificação como Master Sommelier.

"O melhor vinho não é necessariamente o mais caro, mas o que nós compartilhamos"

Georges Brassens

INTRODUÇÃO

Por que as pessoas bebem vinho?

O principal motivo, obviamente, é porque é bom. Uma taça de vinho pode proporcionar muito prazer e relaxamento, mas não é somente pelo sabor que se bebe, muito menos pelo efeito provocado pelo álcool.

Além de ser uma bebida de forte caráter social, que une as pessoas, o vinho possui capacidade de conferir status de sofisticação a quem sabe apreciar uma boa taça, como também pode contribuir para a formação de uma atmosfera romântica quando consumido à dois. Decorrem daí algumas boas razões do seu sucesso ao longo dos séculos.

Para quem está começando agora!

Esse livro foi escrito para quem tem curiosidade de conhecer um pouco mais sobre vinho e os conceitos que o cercam. Direciona-se ao iniciante, aquele que muitas vezes se sente perdido quando tem que escolher um vinho, seja numa loja especializada ou num restaurante.

A ideia central dessa obra consiste em apresentar de forma gradual - e porque não prazerosa - os conceitos relacionados ao mundo do vinho, sempre com a finalidade de auxiliar no processo de escolha do iniciante.

Divagaremos sobre estilos de vinho, as uvas, onde estão localizadas suas principais áreas de produção, interpretação dos rótulos, processo de avaliação de preços que pagamos pela bebida e degustação.

Esse livro foi desenvolvido sob a perspectiva do iniciante. Sem maiores preocupações em aprofundar conceitos, porém, fornecendo o suficiente para tornar o caminho da apreciação e da aquisição de vinhos descomplicado.

Desejo que ao final dessa leitura você esteja tranquilamente capacitado para elevar o nível de qualidade do seu consumo, sabendo escolher de acordo com a evolução de seu paladar, os melhores vinhos com o justo valor que esteja disposto a pagar.

Importante observar que essa obra aborda somente o vinho fino, produzido a partir de uvas de origem europeia, classificadas como *vitis vinífera*, diferentemente do vinho de mesa, produzido a partir de uvas americanas, classificadas como *vitis labrusca*.

O leitor pode até preferir vinhos de mesa, que por sinal registra o maior volume de vendas no Brasil. No entanto, a experiência somente será relevante, caso se considere o vinho fino, devido, principalmente, a sua maior complexidade.

Vamos lá?

"Os homens são como os vinhos: a idade azeda os maus e apura os bons"

Cícero

O Vinho

Quando se fala em vinho, a escolha do consumidor se dará, inicialmente, entre vinhos tintos e vinhos brancos e suas variações: espumantes, vinhos fortificados, vinhos doces, entre outros.

O estilo de cada um desses tipos sofre a influência de diversos fatores, como veremos a seguir.

Vinho Tinto

Uva tinta, vinho tinto. Uva branca, vinho branco!

Não necessariamente, afinal podemos ter vinhos brancos produzidos a partir de uvas tintas. Na verdade, a polpa da uva vinífera é branca, o que aporta cor ao vinho é a pigmentação da pele ou casca da uva tinta.

Durante o processo de fermentação – que simplificadamente corresponde a transformação do açúcar presente naturalmente na uva em álcool – quanto maior o tempo de contato entre as cascas e o mosto (mistura da polpa da uva, caroço e casca), maior tende a ser a tonalidade do vinho resultante.

Para facilitar a escolha do vinho pelo iniciante podemos classificá-lo inicialmente quanto ao seu estilo, considerando corpo e teor de açúcar, teremos basicamente:

Tinto leve seco

Sabor, álcool e taninos de intensidade mais sutil, sem açúcar residual.

Tinto leve e suave

Sabor, álcool e taninos de intensidade mais sutil, com açúcar residual.

Tinto encorpado seco

Sabor, álcool e taninos de maior intensidade, sem açúcar residual.

Tinto encorpado suave

Sabor, álcool e taninos de maior intensidade, com açúcar residual.

Vinho Branco

O processo de fermentação de vinho branco, normalmente, ocorre sem a pele da uva. Já nos vinhos rosés, o contato entre as cascas e o mosto é mínimo, podendo ser de apenas poucas horas. Os rosés, também podem ser produzidos por um processo de *assemblage* – nesse caso, consiste na mistura de vinho branco e vinho tinto após cada parcela já pronta (em algumas regiões essa técnica não é permitida).

Em nosso país observa-se um certo preconceito com vinhos brancos. Pode-se dizer que uma parcela significativa de consumidores associa o conceito de vinho, exclusivamente, ao vinho tinto. Isso ocorre até com bebedores mais avançados, que perdem a oportunidade de degustar maravilhosos vinhos brancos por desconhecimento ou puro preconceito.

Por sinal, o Brasil vem se destacando muito na produção de espumantes de qualidade, basicamente são vinhos brancos com borbulhas de gás carbônico. Em um país no qual a maior parte do território convive durante muito tempo com elevadas temperaturas, um vinho que seja servido mais frio pode ser uma ótima alternativa a quem não deseja ficar somente na cerveja.

O Champanhe que é um espumante produzido exclusivamente na região que leva o mesmo nome, na França, nos remete a ambientes festivos, combina com comemorações. O espumante é uma ótima pedida para uma tarde ensolarada na praia ou à beira de uma piscina.

O vinho branco geladinho pode ser uma alternativa para quem ainda não curte a adstringência do tanino, substância mais perceptível no vinho tinto. Praticamente não se percebe o tanino nos vinhos brancos, salvo em raras exceções.

Assim como fizemos para os vinhos tintos, podemos escolher o estilo do vinho branco, inicialmente, de acordo com a classificação abaixo:

Branco seco

Branco suave

Branco doce

Outros estilos

Espumantes, rosés e fortificados, como o Vinho do Porto, por exemplo, são produzidos a partir de variações do processo de fabricação de vinhos tintos e brancos. Adiante veremos mais alguns detalhes.

A análise poderia recair também sob o aspecto relacionado à idade ideal do vinho para ser consumido, ou seja, enquanto for jovem ou se é preferível consumi-lo envelhecido. Como dito anteriormente a proposta desse livro não inclui esse nível de detalhamento.

Até porque, quando virmos um pouco mais sobre as regiões produtoras ficará mais claro se o vinho deve ser consumido mais jovem ou mais velho, de maneira que possa expressar todo o seu potencial.

Resumo

Vimos que as primeiras questões a serem consideradas pelo novo enófilo (estudante, amante do vinho) devem ser quanto ao tipo, se tinto ou branco, e ao estilo, leve ou encorpado e seco ou suave.

Tinto leve seco

Tinto leve suave

Tinto encorpado seco

Tinto seco encorpado

Branco seco

Branco suave

Branco doce

Poderíamos subdividir ou acrescentar mais aspectos para análise, porém a ideia é simplificar, por isso apresentaremos novos parâmetros de forma gradual. A classificação acima engloba a maior parte dos estilos de vinhos brancos e tintos disponíveis no mercado.

Avaliemos agora outra questão: O vinho a ser escolhido foi feito no Novo Mundo ou no Velho Mundo?

A região em que o vinho foi produzido, ainda que seja com a mesma casta de uva e dentro do mesmo estilo, sofrerá a influência do *terroir* – palavra francesa, sem tradução para outras línguas, que explica a relação entre clima, solo e modo de produção do vinho em um determinado lugar.

"O melhor uso do vinho ruim é afastar as relações pobres"

Provérbio francês

Velho Mundo ou Novo Mundo?

Velho Mundo

O Velho Mundo é sinônimo de tradição no universo do vinho. Lá estão as regiões produtoras mais importantes e são elaborados os vinhos mais icônicos. Porém, não se engane, bebidas de baixíssima qualidade também são produzidas no Velho Mundo e, infelizmente, parte dessa produção chega ao nosso mercado.

Como em qualquer lugar e em qualquer área de atuação, há bons e maus produtores. Uma parcela está focada em atender demanda relacionada ao menor preço do vinho e para conseguir fazer o custo de produção ser mínimo, investe em processos de produção massiva, o que não combina com qualidade em se tratando de vinho.

Os principais países produtores da Europa são: França, Espanha, Itália e Portugal. Mais adiante detalharemos um pouco esse assunto, inclusive, sobre outros países, além dos citados acima, que também produzem vinho no Velho Mundo.

Na verdade, com o desenvolvimento científico e das técnicas de produção, a exemplo do controle de temperatura durante o processo de fermentação, tornou-se possível produzir vinho praticamente em qualquer lugar do mundo.

Porém, existem fatores limitantes para a produção da uva. As videiras não suportam temperaturas extremas e solos muito úmidos.

Novo Mundo

Por exclusão, as regiões produtoras que não fazem parte do Velho Mundo, são chamadas de Novo Mundo do vinho.

O grupo de países que passou a produzir vinho recentemente, em comparação com o Velho Mundo, compõe essa classificação.

Os principais expoentes do Novo Mundo são: EUA, Austrália, África do Sul, Nova Zelândia, Chile e Argentina. Há, porém, uma enormidade de países se desenvolvendo na produção de vinho de qualidade: Brasil, México, Rússia e China, por exemplo.

Normalmente, a produção de vinho em países do Novo Mundo permite ao enólogo maior liberdade criativa em comparação com a produção no Velho Mundo. Enquanto nas novas fronteiras de produção privilegia-se a identificação do vinho pelas uvas utilizadas, no Velho Mundo, o mais importante são as regiões produtoras, não é incomum encontrar rótulos sem a identificação do tipo de uva que foi utilizada para aquele vinho, há somente a indicação geográfica da produção.

Recentemente, porém, o Novo Mundo, por uma questão mercadológica, vem demarcando áreas de identificação de produção certificadas, como: o Napa Valley, nos EUA; Mendoza, na Argentina e Vale do Colchágua, no Chile.

Paralelamente, no Velho Mundo, há um movimento de flexibilização de regras para permitir a identificação das uvas nos rótulos dos vinhos. A lógica da medida seria ampliar o mercado consumidor adotando uma prática já comum no Novo Mundo.

Quando você é indagado sobre se deseja um vinho do Velho ou do Novo Mundo, saiba que vinhos produzidos pela mesma uva e no mesmo estilo podem ser bastante diferentes. Para muitos apreciadores, os bons vinhos do Velho Mundo são mais elegantes e sutis, enquanto os do Novo Mundo tendem a ser mais encorpados e alcoólicos. Logicamente, excelentes vinhos subvertem essa regra, seja em um bloco ou em outro.

A origem do vinho constitui-se numa variável complexa da escolha do enófilo. São muitos países, regiões, os mais diversos climas, solos e produtores que utilizam uma gama imensa de castas de uvas e empregam os mais diversos modos de fabricação do vinho.

Mais adiante vamos nos deter um pouco mais sobre as principais regiões produtoras, do Velho e do Novo Mundo.

Resumo

Até o momento, o novo consumidor já tem condições de discorrer com alguma propriedade sobre o estilo de vinho que deseja, se branco ou tinto, seco ou suave, leve ou encorpado e sobre a origem dele, do Velho ou do Novo Mundo.

"A juventude é a embriaguez sem vinho"

Goethe

Rótulo

A questão dos rótulos pode causar confusão até nos sommeliers mais experientes, imagina então para quem está começando agora?

Um pouco dessa complicação decorre da falta de uniformização da legislação dos países, mas algumas coisas são comuns em todos os rótulos.

Basicamente, os rótulos seguem dois modelos de classificação: tipo da uva (rotulagem por varietal) e região (rotulagem por região).

Embora a rotulagem por varietal esteja associada mais a países do Novo Mundo, não é exclusiva desses lugares. Vinhos da Alemanha e de algumas regiões da França, Itália e Espanha normalmente indicam as variedades das uvas em seus rótulos.

Já a rotulagem por região está associada, obviamente, ao lugar de origem do vinho. Esse sistema de rotulagem é mais facilmente associado a países do Velho Mundo, embora, haja uma tendência cada vez maior dos países do Novo Mundo a utilizarem.

Considerando a parte comum nos rótulos, temos algumas informações que são praticamente obrigatórias em qualquer sistema: marca do fabricante, nome do vinho, teor alcoólico, volume de líquido, ano da safra e país de origem.

Como vimos anteriormente, a denominação de origem e a varietal utilizada vai depender do sistema de rotulagem adotado no lugar.

Rótulo com denominação de origem

Rotulação por varietal (uva)

A forma como a própria denominação de origem é expressa causa confusão. Resultado da diversidade de legislações de rotulagem em cada país. Assim, os termos AOC/AOP/DOC/DOCG aparecerão em muitos rótulos e com significados diferentes, mas sempre indicativos da região produtora.

Outra questão importante a ser considerada é quando um vinho pode ser classificado como varietal ou de corte. Na maioria das legislações, se um vinho tiver pelo menos 85% de um único tipo de uva em sua composição, já pode ser classificado como varietal.

"A realidade é uma ilusão que ocorre devido à falta de vinho"

Anônimo

Degustação

O processo de degustação técnica do vinho pode causar estranheza aos leigos e iniciantes, porém, é muito mais objetivo do que a maioria pensa.

Obviamente, algumas sensações ou descrições de gosto e olfato podem ser bastante pessoais, mas acredite: seguem uma linha mestra e acessível à maioria das pessoas, mesmo aquelas que dizem não conseguir diferenciar nem um tipo de odor.

Eu não poderia apenas curtir o momento e beber meu vinho tranquilamente, sem precisar descrever todos os sabores e sensações?

Claro que sim, a degustação técnica é diferente da degustação simples, que se traduz no ato de consumir o vinho com prazer, sem maiores preocupações. Além do mais o vinho que está na sua taça é seu, então aproveite da maneira que lhe convir.

Porém, degustar tecnicamente eleva o ato de beber a um outro nível, torna a experiência muito mais profunda e potencializa o prazer de uma taça de vinho.

Antes de tudo, o ato de degustar consiste num processo de atenção. Procura-se avaliar minuciosamente diversos aspectos sensoriais do vinho na taça, como: aparência, olfato e paladar.

Aparência

O degustador observa inicialmente a limpidez e opacidade. Caso o vinho não tenha sido filtrado podem aparecer partículas em suspensão, tornando-o turvo. Porém, um vinho que tenha sido filtrado e se apresente límpido, pode ser considerado opaco – a luz não atravessa o líquido da taça. Então um vinho pode ser considerado límpido e transparente, límpido e opaco, turvo e transparente ou turvo e opaco.

A cor do vinho considera seu matiz, ou seja, a cor verdadeira (rubi, amarelo, verde), considerando-se também a sua intensidade: pálida, profunda, clara ou escura.

Olfato

Apesar do ser humano não possuir um olfato excepcional, ele consegue se virar bem na percepção dos aromas de um vinho.

No olfato, avaliamos inicialmente a condição de sanidade do vinho, caso esteja estragado, ao cheirá-lo já é possível perceber defeitos. O vinho poderá estar avinagrado, *bouchonnée* (cheiro de papelão molhado) ou com outros indicativos de que não está bom. Outros cheiros de coisas desagradáveis percebidos são: pelo de animais, suor, ovo podre.

Avaliamos também a intensidade do aroma, que dependerá essencialmente da natureza e das condições das uvas que foram utilizadas na fabricação do vinho. Quanto maior a intensidade, mais facilmente perceberemos as essências.

Para facilitar a percepção dos odores um giro na taça produz a quebra da tensão superficial do líquido, liberando seus aromas.

Diferença entre aroma e *bouquet*

Caso os odores do vinho sejam frescos, com cheiro de coisas novas, temos um indicativo de que o vinho é jovem. Por outro lado, se os odores percebidos forem de um desdobramento, desenvolvimento de algo primário chamamos *bouquet* e, consequentemente, teremos um indicativo de um vinho mais velho, que está em desenvolvimento ou já desenvolvido. Exemplo:

Odor de frutas vermelhas = primário (aroma)

Odor de frutas em compota (desenvolvimento da fruta fresca) = secundário (*bouquet*)

Odor de frutas passa = desenvolvido terciário (*bouquet*)

Paladar

A nossa língua tem capacidade de perceber os sabores doce, salgado, azedo, bem como a intensidade do álcool no vinho.

Na boca, considerando o palato, gengiva, e início da garganta, percebemos corpo, quantidade de álcool, intensidade dos taninos e persistência do sabor após ter sido degustado.

Algumas pessoas estranham que em uma degustação profissional o vinho seja cuspido. O que vimos até aqui, nos permite dizer que a análise sensorial do vinho prescinde do ato de sorver o líquido.

Ao avaliarmos a aparência, o odor e o paladar, nossos olhos, nariz e língua são plenamente capazes de realizar todo o trabalho.

Portanto, não pense que uma descrição como essa abaixo seja coisa de outro mundo:

"A cor no centro da taça é rubi profunda e esmaecido no halo. O vinho apresenta-se límpido e brilhante. No nariz, a intensidade é média, de desenvolvimento secundário, que remete a frutas negras maduras, geleia de amora e figo em calda. Na boca, mostra-se seco, de acidez alta, com taninos granulados de média intensidade. Seu corpo é intenso e o álcool, apesar de alto, está bem integrado à bebida. Ao final a persistência é longa e intensa. Temos aqui um vinho de ótima qualidade, feito por um bom produtor".

"Dinheiro pode não comprar a felicidade, mas compra vinho, que é a mesma coisa"

Anônimo

O Preço

Além das perguntas que ajudam a identificar o estilo e o gosto pessoal do cliente há uma outra questão importantíssima: o preço que o consumidor se dispõe a pagar pela escolha.

Estudaremos os elementos que influenciam na composição do preço do vinho e procuraremos equilibrar esse conhecimento com a nossa realidade financeira, pois ninguém quer ficar pobre por tomar vinho.

O objetivo deve ser escolher os melhores vinhos que caibam no nosso orçamento. Saiba que existe vinho para qualquer profundidade de bolso, desde os apenas aceitáveis, na casa dos R$ 20,00 (5 US$), até aqueles que chegam a custar milhares de dólares a garrafa.

Até o momento, o mercado brasileiro de vinhos importados é dominado por Chile e Argentina, que juntos detém cerca de 60% do mercado, muito em razão da não incidência do imposto de importação sobre vinhos oriundos do Mercosul. Essa realidade poderá ser alterada em breve, em razão do recente acordo entre União Europeia e Mercosul, o qual prevê a redução da alíquota do imposto de importação, que passaria dos atuais 27% para zero ao longo dos próximos anos. Consequentemente, terá potencial de promover maior competitividade entre vinhos europeus e vinhos do Mercosul.

Alguns fatores que influenciam no custo final ao consumidor vão além da qualidade do produto. Devem ser considerados a questão logística, o sistema de produção e os impostos incidentes sobre o produto.

Porém, creio que o mais importante a considerar deva ser a qualidade do vinho. A qualidade começa no vinhedo, com o cuidado do produtor no cultivo das uvas, o terroir deve ser o ideal para a casta, a limitação de produtividade por planta, também é desejável, pois a tendência vai ser de ganho na qualidade final do vinho quanto menor for a quantidade de uva produzida por planta. No entanto, essa diminuição tende a elevar os custos.

Se considerarmos o contrário: plantações com maior produtividade por planta, teremos custo por litro produzido menor do que no caso anterior. Porém, a qualidade do vinho obtido tende a ser menor também.

Alguns vinhos podem atingir cifras gigantescas e nem sempre essa discrepância está associada a qualidade do vinho. Normalmente, são vinhos de qualidade superior, mas outros fatores são considerados na formação do preço, a exemplo da raridade e da história por trás daquele vinho.

O *Petrus* sempre aparece nas listas de vinhos mais caros e melhores do mundo, apesar de não possuir classificação oficial, nem constar em seu rótulo como Grand Cru. Muito dessa fama deve-se ao fato de anos atrás a família Kennedy, na figura do ex-presidente norte-americano John Kennedy, ter declarado sua predileção ao vinho, além é claro das altíssimas notas concedidas pelo crítico Robert Parker.

A escolha da faixa de preço adequada do vinho que você vai comprar deve levar em consideração fatores como a ocasião: se mira uma data comemorativa especial, ou se tem como objetivo o consumo do dia a dia. Nem os enófilos mais avançados bebem vinhos caros o tempo todo.

Não tem o menor sentido abrir um grande vinho envelhecido numa praia a 40 oC à sombra.

Para mim, um vinho do dia-a-dia custa em torno de R$ 30,00 a R$ 50,00 (7US$ a 15 US$). Acredito que nessa faixa de preços podemos encontrar vinhos bastante honestos, tanto do Novo quanto do Velho mundo.

Em datas festivas ou para presente, costumo extrapolar esses valores, às vezes até por muito, dependendo da disponibilidade financeira no momento.

Se vou receber amigos em casa tento fazer um mix entre vinhos honestos na faixa básica de preço, o que considero vinhos do dia-a-dia, e um ou outro de maior qualidade, que pode ser o vinho especial da noite ou que vai harmonizar precisamente com o prato servido.

No aplicativo Vivino, www.vivino.com, há uma seção que classifica os melhores vinhos por faixa de preço segundo as pontuações concedidas por seus usuários:

Faixa 1, vinhos até R$ 50,00;

Faixa 2, vinhos que custam entre R$ 50,00 e R$ 100,00;

Faixa 3, vinhos entre R$ 100,00 e R$ 200,00 e

Faixa 4, de vinhos acima de R$ 200,00.

Essa classificação contempla diferentes tipos e estilos dentro de uma mesma faixa de preço, o que pode atrapalhar um pouco numa lista que tem o objetivo de comparar produtos.

Muitos profissionais da área do vinho, como sommeliers e críticos, torcem o nariz para o aplicativo, acusam-no de frequentemente produzir distorções devido as opiniões e notas serem dadas por leigos. Porém, creio que com um pouco de bom senso o aplicativo pode sim servir como referência para o leitor, pois no mínimo irá saber o que os demais usuários do Vivino estão bebendo e gostando no momento.

Há bons vinhos disponíveis no mercado com valores acessíveis à maioria. Considerando o que vimos até aqui, já é possível realizar compras bem racionais.

Mesmo que você não disponha de recursos para adquirir uma garrafa que se tornou um sonho de consumo, não significa que não possa degustá-lo. Lojas, supermercados e distribuidores promovem degustações, às vezes sem custo algum para o cliente, basta estar atento.

O preço do vinho em restaurantes tende a ser maior do que em outros pontos de venda, alguns deles chegam a cobrar até o dobro do valor pedido em uma loja. De qualquer maneira, é possível justificar alguma diferença na formação do preço em razão de fatores como a dependência do restaurante em adquirir os vinhos para a formação da sua adega de distribuidores ou lojistas intermediários, além da atividade principal do estabelecimento não ser o comércio da bebida.

Dica

Em restaurantes, não se intimide com a presença do sommelier ou o responsável em apresentar o vinho, esses profissionais estão ali para auxiliar a sua escolha, considerando seu gosto, a harmonização e até a disponibilidade financeira para o vinho naquele momento. Considero quase um mito a impressão que muitos têm de que a intenção principal é a "empurroterapia", ou seja, fazer com que o cliente compre os piores produtos pelo maior preço.

Alguns profissionais até dão pistas sutis aos clientes sobre a faixa de preço a qual a escolha se dará. O que não impede, caso não haja essas dicas ou você não as perceba, que você informe quanto está disposto a dispender com a bebida naquela ocasião.

Segundo o crítico Marcelo Copelo, o vinho que mais vende da carta do restaurante é o segundo mais barato. Por não haver um conhecimento aprimorado do consumidor sobre as possibilidades e gostos pessoais, este opta pelo segundo mais barato por vergonha de escolher o que efetivamente custa menos na carta.

A compra no Supermercado

Supermercados nem sempre tem uma grande variedade de vinhos, porém, pela praticidade e promoções, às vezes vale a pena comprar nesses lugares.

Como o fluxo de mercadorias tende a ser grande, diminui a chance de encontrar vinhos estragados.

No Brasil, os preços nos supermercados são perceptivelmente maiores do que nas casas especializadas e nos sites. Em Buenos Aires, na Argentina e em Santiago do Chile, tive a oportunidade de comprar vinhos com bom preço nos supermercados em comparação às lojas de vinho.

Não recomendo a compra de vinhos em padarias e lojas de conveniência. Nesses comércios, os produtos geralmente ficam mal acondicionados, com muita exposição à luz e ao calor, além do giro de mercadoria ser relativamente menor.

Em lojas de vinho

Está cada vez mais fácil encontrar um comércio especializado em vinho no Brasil, acredito que você, que chegou até esse ponto da leitura, já esteja apto a visitar esses lugares e ter discernimento do que procura, aproveitando a orientação de um especialista e não simplesmente acatando suas sugestões.

Geralmente, essas casas trabalham com uma certa gama de vinhos que são fornecidas por um distribuidor regional ou nacional, assim, nem sempre vai ser possível ter à disposição determinados rótulos, pois podem ser de exclusividade de outro revendedor.

Para os iniciantes e até mesmo para quem já tem um bom entendimento sobre vinhos, creio que uma boa oportunidade de comprar seja durante degustações promovidas pelos comerciantes e distribuidores, pois além de ter oportunidade de experimentar o produto antes de comprá-lo, há descontos durante esses eventos.

O vinho é uma bebida social e nessas degustações há oportunidade de conhecer outras pessoas com afinidades de gosto, pelo menos no que diz respeito ao vinho. Compareçem nesses eventos desde o completo iniciante até o mais avançado enófilo.

Não se intimide, pois dificilmente alguém vai julgá-lo por seu desconhecimento, além do que, os "enochatos" foram tão estigmatizados que praticamente desapareceram desses ambientes. Mentira! Um ou outro pode aparecer sem avisar.

Nos sites

O comércio eletrônico é uma realidade cada vez mais presente no nosso dia-a-dia e, em relação ao vinho não poderia ser diferente.

São muitas ofertas por meios de sites em que você pode comprar diretamente do produtor, de grandes distribuidores, de lojas especializadas em determinadas regiões. Porém, encontra muita coisa que nem vale à pena.

Desconfie da qualidade dos vinhos que são oferecidos por preços muito abaixo do mercado. Alguns sites oferecem, por exemplo, cinco garrafas de vinho francês por R$ 100,00. É impossível haver qualidade no vinho dessa oferta.

Provavelmente esse vinho foi produzido em larga escala. Já vimos que produção em massa não combina com qualidade.

Outra modalidade recorrente nos sites é a de clube de assinantes. Durante algum tempo mantive assinatura de vinhos em que recebia de duas a quatro garrafas por mês. Os vinhos eram escolhidos pelos encarregados dos sites. Para mim era interessante pelo fato de poder ser surpreendido por um vinho que dificilmente eu iria procurar para comprar. Muitas pessoas fazem essas assinaturas apenas pela comodidade de transferir o processo de escolha para terceiros. Você deve pesar as vantagens e desvantagens nesse sentido.

Em Vinícolas

Muitos dizem que visitar uma vinícola é como visitar uma igreja durante as férias, visitou uma, não precisa mais ir em outra. Para quem já está iniciado nesse mundo e se apaixonou pela bebida de Baco, com certeza essa sentença não é verdadeira, pois cada experiência sempre será única.

Os processos de produção até podem ser parecidos, mas cada vinícola tem sua história, seus personagens e suas características que contribuem para um resultado singular: o vinho.

No Brasil, em muitas vinícolas que visitei, notei uma tendência em oferecer o vinho um pouquinho mais caro do que nas enotecas e nos supermercados, possivelmente para não prejudicar os seus parceiros distribuidores.

No Chile e na Argentina a compra diretamente nas vinícolas é, em geral, vantajosa para o cliente. Ocorre apenas o incômodo de levar as garrafas por viagens que podem ser muito longas, além do risco de se extrapolar nos gastos, pois um enófilo pode ficar muito tentado durante essas visitas, ainda mais que as compras ocorrem, geralmente, após a degustação, aí já viu, não é?

Podemos dizer que nosso leitor já tem uma boa ideia de como proceder para adquirir o seu vinho, avaliando os estilos dos brancos e tintos, escolhendo entre o Novo e o Velho Mundo, bem como tendo uma noção sobre a formação dos preços dos vinhos que pretende adquirir.

Para melhorar essa avaliação de preços, qualidade e características do vinho, faremos uma incursão com um pouco mais de detalhes sobre as características das principais uvas utilizadas para a fabricação de vinhos finos.

"Eu gosto de cozinhar com vinho, às vezes eu até o coloco na comida que estou cozinhando"

Julia Child

As Uvas

Uvas Tintas

Cabernet Sauvignon

Casta de origem francesa, pode-se dizer que é a mais importante das uvas para vinhos tintos, tanto no Novo quanto no Velho Mundo.

Tem como característica a predominância de aromas de frutas negras, como amora, ameixa e cereja. Produz vinhos estruturados, ou seja, com maior intensidade de álcool, acidez e tanino. Dela são produzidos tanto vinhos varietais ou monocasta (com uma única casta de uva) como vinhos de corte (composição de uvas).

Merlot

A também francesa Merlot, uva mais cultivada do mundo, produz vinhos mais aveludados, que ao serem degustados deslizam facilmente pela boca e pela garganta, por essa razão é um dos preferidos pelo público feminino, que apresenta, no geral, predileção por uma bebida menos agressiva.

Os vinhos produzidos a partir da Merlot apresentam elevada intensidade aromática com predominância de frutas negras maduras e as vezes em compota.

Seus vinhos podem ser varietais ou de corte com outras uvas.

Essa casta vem se desenvolvendo bem no Sul do Brasil, produzindo bons vinhos no território nacional, principalmente no Vale dos Vinhedos, na Serra Gaúcha.

Syrah ou Shiraz

Essa casta vem tendo um aumento significativo em sua área cultivada, ano após ano. Esse fato ocorre principalmente por sua boa adaptação às elevadas temperaturas, comuns em alguns países do Novo Mundo.

Na Austrália é conhecida como Shiraz. No Brasil, tem se destacado pela produção de vinhos em áreas antes consideradas inapropriadas para a produção de vinhos finos, como o Cerrado no Centro-Oeste e o Sertão nordestino.

Produz vinhos potentes, com características aromáticas em que predominam especiarias (pimenta preta, cominho, canela), além de apor ao vinho uma coloração muito intensa. Seus vinhos apresentam um grande potencial de guarda.

Touriga Nacional

Portugal tem uma quantidade imensa de uvas autóctones (nativas do lugar) aptas à produção de vinho, mas a principal casta é a Touriga Nacional, responsável, sozinha ou em corte, pelos mais emblemáticos vinhos da região do Douro, como o Vinho do Porto, por exemplo.

Tempranillo

A Tempranillo, principal uva da Espanha, vem sendo cultivada em vários locais pelo mundo. Em Portugal é conhecida como Tinta Roriz ou Aragonez.

Uma tarefa relativamente difícil é a identificação dos vinhos da Tempranillo em degustações às cegas, em parte porque essa uva apresentar um caráter aromático difuso, remetendo nosso olfato tanto a frutas vermelhas como a frutas negras.

Quanto a estrutura dos seus vinhos, eles podem variar entre firmes e tânicos ou leves e aromáticos. Com tantas possibilidades de resultado, dificulta-se ainda mais a identificação da uva nas degustações.

Pinot Noir

A Pinot Noir, uma das uvas mais emblemáticas da França, desperta grandes paixões entre os enófilos. Alguns a considera sem graça, outros a expressão máxima de um vinho perfeito.

Seus vinhos apresentam coloração pálida, pois sua casca fina transfere pouca cor aos vinhos dela produzidos. O aroma tende a ser complexo, com a predominância de frutas vermelhas frescas, além de um componente terroso, que nos remete a cogumelos, folhas secas, entre outros.

Na boca é um vinho sutil, com acidez alta, álcool médio e intensidade também média.

Sangiovese, Nebbiolo e Primitivo

A Sangiovese cultivada em todo o Norte da Itália, encontra sua melhor expressão na Toscana. Produz o famoso Brunello di Montalcino e o Chianti.

A Nebbiolo é considerada uma uva muito difícil pelos iniciantes, seus vinhos levam um tempo considerável para arredondarem, devido a aspereza dos seus taninos. A Nebbiolo produz um dos vinhos mais conhecidos do mundo, o Barolo.

A Primitivo, que tem esse nome porque o seu amadurecimento ocorre mais cedo do que as outras variedades, produz vinhos que são naturalmente doces. O Primitivo di Manduria é um dos mais respeitados vinhos dessa casta.

Malbec

Uva de origem francesa que se adaptou muito bem na Argentina, tornando-se a uva símbolo do nosso vizinho. No entanto, a produção vinícola da Argentina não se resume ao Malbec, por lá são feitos ótimos Merlot, Cabernet Sauvignon, Carmeneré, Tannat, Bonarda.

Uvas Brancas

Chardonnay

Se apresenta como a uva branca mais cultivada no mundo. Tem característica camaleônica, pois costuma assumir estilos diferentes conforme o local em que foi cultivada. Devido a essa característica, alguns a consideram uma uva desprovida de personalidade.

Por consequência, seus vinhos podem apresentar estilos bastante diversos conforme o local em que foi produzido.

Normalmente, vinhos brancos não amadurecem bem em barricas de carvalho. Não sendo o caso dos produzidos com a Chardonnay, que evolui muito bem em contato com o carvalho, produzindo ótimos vinhos.

Na Borgonha encontra sua máxima expressão.

Sauvignon Blanc

Outra uva francesa que ganhou o mundo, produz vinhos muito frescos e cítricos. Pode-se obter com ela, também, vinhos doces de alta qualidade. Uva considerada muito importante para a produção da Nova Zelândia.

Riesling

Junto com Gewurztraminer produz excelentes vinhos na região da Alsácia, na fronteira entre Alemanha e França. Os alemães produzem ótimos brancos a partir dessas castas, pois elas se adaptaram bem às regiões de clima frio.

Moscato

A Moscato e suas variedades são muito utilizadas na produção de vinhos tranquilos e espumantes naturalmente doces.

Vinhos moscateis da região sul do Brasil têm conseguido destaque nacional e internacional em razão da qualidade alcançada a partir dessa casta.

Sémillon

Outra uva francesa que produz excelentes vinhos doces, como o Sauterne, na região de Bordeaux, na França. Sua casca fina, combinada às condições climáticas da região de cultivo, facilita a proliferação de um fungo que causa a "podridão nobre" na fruta. Esse fungo faz com que o açúcar da uva fique extremamente concentrado, produzindo assim, vinhos naturalmente doces, e quase invariavelmente caros.

Reflexão

São pelo menos duzentas castas de uvas finas utilizadas na produção de vinho pelo mundo, fugiria do nosso objetivo escrever sobre todo esse repertório. Deixamos para o leitor, gradualmente, descobrir as diversas possibilidades que o mundo do vinho nos traz em relação as castas viníferas.

Podemos aprofundar mais um pouquinho nossos conhecimentos passeando por algumas das principais regiões produtoras de vinho do mundo, aproveitando para comentar sobre alguns dos vinhos produzidos em muitas delas.

"Colocar o vinho em nossa boca é degustar uma gota do rio da história humana"

Clifton Fadiman

Principais Regiões no Velho Mundo

França

Bordeaux é subdividida entre margem direita e margem esquerda do rio Gironde. Na margem esquerda há uma concentração imensa de importantes Chatêux, principalmente no Haut-Médoc, onde estão as comunas Pauillac, St. Julien, Margaux e St. Stèphe, que concentram, também, a maior parte dos vinhos Premier Crus da classificação de 1855.

Na margem direita é produzido um dos vinhos mais conhecidos do mundo, o Petrus, como vimos anteriormente, nem classificação como Grand Cru possui. O Château Petrus fica na pequena região do

Pomerol, que além do mais famoso tem outras ótimas opções menos caras.

Da Borgonha seguramente vem os vinhos mais finos e caros da França. Algumas propriedades, lá chamadas de Clôs, são consideradas pequenas, porém a produção de Pinot Noir e de Chardonnay é de altíssima qualidade. A Côte d'Or produz vinhos raríssimos que abastece um mercado que poucos tem acesso.

O Distrito de Chablis produz vinhos à base de Chardonnay que estão entre os mais famosos do mundo.

Outras importantes regiões da França são: Champanhe, Alsácia, Vale do Rhône, Vale do Loire, Provence e Languedoc-Roussillon que conquistou fama de produzir vinhos em quantidade, mas que atualmente vem melhorando o desenvolvimento do que lá é produzido.

Espanha

As principais regiões são Ribeira del Duero, de onde sai o famoso vinho Vega Sicilia.

Rioja, que corresponde a uma área muito grande e de produção variada de tintos e brancos, onde reina a Tempranillo, que pode aparecer em varietais ou em corte, tanto com a Garnacha, como com outras uvas.

Toro, que vem sendo um grande pólo de investimentos da Espanha. Por isso cada vez mais ouvimos falar em vinhos daquele local.

Destacam-se ainda, Penedès na Catalunha, Priorat, La Mancha e Andaluzia, a terra do Jerez ou Xerez– vinho que divide opiniões e que em geral não é "entendido" facilmente por iniciantes.

Itália

No Norte da Itália temos a região do Piemonte, onde a Nebbiolo reina, a uva do Barolo. Mas a Barbera e a Moscato também produzem outros vinhos importantes, como o Barbaresco e o Moscato d'Asti.

Ainda ao Norte temos o Trentino-Alto Adige e o Vêneto, que tem ainda Valpolicella e o Amarone.

Da Toscana vem o Chianti. De lá também sai o Brunello di Montalcino, produzido com uma variedade da Sangiovese.

No Sul, as principais regiões são a DOP/DOC Primitivo di Manduria e Sicília.

Portugal

A região do Douro, reconhecida inicialmente pela produção de Vinho do Porto, atualmente vem se destacando pela produção de modernos vinhos finos, é a terra do icônico Barca Velha, eleito por alguns críticos, em vários anos, como um dos melhores vinhos do mundo.

A região do vale do rio Douro também é considerado um dos lugares mais bonitos do planeta, com suas íngremes encostas que tornam as condições de plantio e manejo da uva, extremamente duras, mas com paisagens maravilhosas, que encantam os turistas que a visitam.

Podemos citar também as regiões do Alentejo, Dão, Vinho Verde, e Bairrada.

Outra região que já foi muito conhecida, e agora tenta se reerguer com a produção de vinhos fortificados de qualidade, é a região da Madeira, na Ilha da Madeira.

Outros países do Velho Mundo

Há produção principalmente de vinhos brancos produzidos com uvas que se adaptaram bem ao clima frio da Alemanha (Mosel, Rheingal e Rheinhessen).

Outros lugares na Europa: Áustria, Grécia, Romênia, Eslovênia, Bulgária e Hungria, que produz um vinho muito doce, de altíssima qualidade e caro, o Tokaj Aszú.

"In vinu, veritas"

"No vinho, a verdade"

Plínio

Principais Regiões no Novo Mundo

Estados Unidos da América

Nos EUA, a produção de vinhos finos encontra-se mais desenvolvida na Costa Oeste, com destaque para a Califórnia (Napa Valley, Carneros e Sonoma County), nessa região são cultivadas diversas uvas, as principais são a Merlot, Zinfandel e Cabernet Sauvignon.

Ao norte da Costa Oeste, as uvas mais adaptadas ao clima frio obtiveram destaque, produzindo grandes Pinot Noir no Oregon (Willamete Valley), Columbia Valley e Washington.

América do Sul

O **Chile** tem uma peculiaridade, sua localização privilegiada, seus vinhedos ficam entre a Cordilheira dos Andes e o Oceano Pacífico, o que permitiu um isolamento que o protegeu de pragas que atingiram praticamente todo o mundo desde o final do século XIX, arrasando a maioria dos vinhedos, os quais tiveram que ser substituídos por outros com plantas enxertadas, resistentes à Filoxera (espécie de cigarra que ataca a raiz da vinha).

No Chile ainda se encontram vinhedos em "pé franco", ou seja, sem enxertia.

O país tem uma produção variada, porém, destaca-se a produção de vinhos a partir da Cabernet Sauvignon, Merlot e Carmeneré.

A Malbec, apesar de ser de origem francesa, sempre está associada aos vinhos da **Argentina**. A principal região produtora do país é Mendoza, onde centenas de vinícolas estão instaladas, fato que alavanca também o turismo de vinho na região. A Patagônia argentina começa a se destacar pela sua produção de vinhos de clima frio.

Se na Argentina o destaque é a Malbec, no **Uruguai** quem reina é a Tannat, outra variedade francesa que se desenvolveu bem na região, produzindo vinhos finos de muita personalidade e estrutura.

O **Brasil**, vem aos poucos se destacando no cenário vitivinícola, principalmente no sul do país, com destaque para o Vale dos Vinhedos, na Serra Gaúcha, a Campanha na fronteira com o Uruguai e mais ao norte a Serra Catarinense.

Uma experiência diferente vem ocorrendo no Nordeste do país, que em termos geográficos ocupa uma faixa de latitude não indicada para o cultivo de uvas finas e para a produção de vinhos, porém vem produzindo uvas finas utilizando irrigação, obtendo até duas colheitas por ano.

No Centro Oeste, outra região fora da faixa de latitude ideal, ocorre uma tímida produção dos chamados vinhos de inverno. Utilizam a dupla poda, um sistema de manejo do ciclo produtivo das vinhas que garante a produção ao final do inverno. Até o momento, a Syrah foi a uva que melhor se adaptou a esse sistema.

África do Sul

No país africano, destaca-se a linda região de Stellenbosch. Por lá são cultivadas as variedades Cabernet Sauvignon, Sauvignon Blanc, Shiraz, Merlot, Chenin Blanc, Pinotage e Chardonnay.

Austrália e Nova Zelândia

A mais famosa região produtora de vinho na Austrália é Margaret River, brancos feitos a partir da Chardonnay, Sémillon e Sauvignon Blanc se destacam. Há também produção de Cabernet Sauvignon (sempre ela) e Shiraz/Syrah.

No Sul da Austrália a principal região é Barossa Valley, onde os vinhos de maior qualidade do país são feitos. De novo Shiraz e Cabernet Sauvignon são as uvas mais utilizadas, seguidas por Chardonnay e Sémillon.

Outras regiões importantes: McLaren, Adelaide Hills, Tasmânia, Yarra, Victória e Coonawarra.

Na Nova Zelândia, a principal uva vem sendo a Sauvignon Blanc, cultivada praticamente em todas as regiões produtoras do país, sendo que a região que concentra maior área cultivada, Marlborough, tem um clima que favorece a plena maturação das uvas, o que permite a fabricação de excepcionais vinhos.

Outras regiões produtoras são Canteburry e Otago Central.

Nesse capítulo vimos muitos nomes novos de regiões produtoras de vinho, o que pode assustar um pouco o iniciante. Na verdade, foi exposta apenas uma fração dos lugares que produzem bons vinhos no mundo. Um desafio interessante pode ser ir descobrindo vinhos de lugares inusitados, fora das regiões tradicionais. Com certeza uma atividade bem divertida, o sacrifício vale à pena.

Está na moda entre os enófilos formarem confrarias específicas de vinhos que são de fora da rota convencional, vinhos peruanos, bolivianos, russos, japoneses, chineses sempre estão entre as escolhas dessa turma.

"Quem sabe degustação, nunca mais bebe um vinho, mas experimenta seus segredos"

Salvador Dali

Harmonização Básica

A harmonização decorre quase que naturalmente de uma combinação do vinho, do lugar de sua produção com os alimentos que ali costumam ser consumidos.

Por exemplo: vinho verde e bacalhau, bouef bourguignon com Pinot Noir, salsicha alemã e Riesling, são alguns exemplos, mas não são regras rígidas que se devem seguir à risca.

Na harmonização do vinho com comida, alguns princípios são interessantes de se conhecer. Um deles: não se aconselha combinar um grande vinho com um prato excepcional, pois a competição, nesse caso, pode diminuir o potencial do vinho ou da comida.

Se o principal da noite for o vinho, procure harmonizá-lo com uma comida mais simples para que assim o vinho possa se sobressair.

Mas se for o caso de um prato especial que seja a estrela da noite, procure por um vinho mais básico.

Considere também que: vinhos leves combinam com pratos com molhos leves; comida pouco condimentada harmoniza muito bem com vinhos de aromas menos intensos; vinhos jovens e frutados harmonizam com pratos rústicos; comidas apimentadas combinam com vinhos em que não se sente muito o álcool; carnes mais ricas, como linguiça, harmonizam com vinhos mais fortes e vinhos mais adocicados combinam com comidas levemente apimentadas.

Espumante	Peixes, churrasco, feijoada, aves assadas, aperitivos, queijos de cabra
Branco suave	Queijos amarelos, massas duras

Branco seco	Frios, peixes, aves cozidas com molho branco, fondue
Rosé	Aperitivos, frios, feijoada, churrasco, salmão defumado, carpacio
Tinto leve	Massas e pizzas, carpaccio, frios
Tinto encorpado	Queijos defumados, carnes de sabor intenso como cordeiros, defumados.
Vinhos brancos de colheita tardia	Bolos, tortas cremes de frutas com sorvete, pudins
Vinho do Porto	Chocolate amargo, frutas secas, sorvetes, sobremesas

Tanto os brancos como os tintos podem ser degustados em harmonização com alimentos. Então a escolha, além do gosto pessoal, deve levar em consideração a ocasião em que vai ser servido o vinho.

Muitas pessoas gostam de receber amigos em casa para um jantar ou comemoração com espumantes, além desses vinhos serem mais leves, indicados para começar uma degustação, geralmente harmonizam bem com queijos e outras entradas servidas como aperitivos.

Os queijos são alimentos gordurosos, as borbulhas do espumante ajudam a "limpar" as papilas gustativas após o seu consumo.

Ao contrário do que muita gente pensa, os queijos harmonizam melhor com vinhos espumantes e brancos secos, por serem mais ácidos, do que com vinhos tintos.

Claro que você pode servir os dois juntos, mas se o vinho for muito estruturado, determinados queijos podem "desaparecer" na harmonização com vinhos.

Sobremesa

Vinhos doces harmonizam bem com sobremesas. Um vinho do Porto combina perfeitamente com chocolate, enquanto um Sauterne com sorvete de frutas.

"A penicilina cura os homens, mas é o vinho que os torna felizes"

Fleming

Recebendo Visitas

Receber amigos em casa deve ser sempre uma experiência prazerosa e o melhor a fazer é não complicar as coisas. Dá para oferecer algo simples e bom ao mesmo tempo em relação aos vinhos que serão servidos.

Obviamente, não estou sugerindo servir o vinho em copos descartáveis. Mas alguns pontos podem auxiliar na missão de facilitar as coisas, por exemplo: pensar no vinho como etapas de uma refeição é uma delas, em que basicamente teremos:

Entrada = espumante

Prato principal = Tinto e/ou branco

Sobremesa = Vinho do Porto, Late Haverst (vinho de colheita tardia, mais doce que harmoniza com sobremesas)

Se você vai receber seus amigos com um espumante, o ideal é utilizar as taças próprias para esse tipo de vinho, a Flûte. O nome é estranho, porém todos a reconhecem: a taça de haste longo e bojo estreito. Ela permite que as bolhas permaneçam por mais tempo no vinho.

Uma dica: não se deve girar a taça com espumante para liberar seus aromas, as borbulhas já facilitam esse processo, além do que, o vinho perde a maior parte da graça quando as borbulhas escapam.

Existem taças próprias para cada tipo de vinho, digamos que isso seja um ajuste fino, não vejo necessidade em ter taças de todos os tipos quando se é iniciante, isso mais atrapalha do que ajuda.

Há taças Bordeaux, Borgonha, Brunello, para vinho do Porto, Taças ISO para degustação. Porém, uma taça comum no estilo Bordeaux, por exemplo, já serve bem a maioria dos vinhos.

Então, tendo uma taça estreita para o espumante e uma bojuda para brancos e tintos já estamos bem resolvidos.

Em relação à quantidade de vinho, calcula-se uma garrafa para cada 4 pessoas. Já sei, meus amigos bebem muito e, talvez, não sejamos a melhor referência, lembre-se de que o vinho será degustado ao longo de todo o período em que houver convidados, pelo menos comigo é assim.

Quantidade servida

Não é frescura, mas servir uma taça muito cheia, além de não ser prático para quem está bebendo, pode acabar provocando o transbordo do vinho e impedir que seus aromas sejam liberados dentro da taça.

O ideal é que os tintos sejam servidos até um terço do volume da taça, os brancos e espumantes um pouco mais, esses podem chegar a até dois terços da taça.

Temperatura de serviço do vinho

O vinho sendo servido na temperatura ideal recomendada para cada tipo, tende a realçar suas melhores características.

O tinto deve ser servido a temperaturas mais elevadas, chegando até a 18º C, no caso do Porto, o que favorece a liberação dos seus aromas, brancos secos entre 10° C e 14° C, o que faz realçar a acidez do vinho, já os espumantes em temperaturas em torno dos 6° C a 10° C.

Uma forma de mascarar os defeitos de um vinho de qualidade inferior é servi-lo a uma temperatura mais baixa do que o indicado para a sua categoria.

Vinho	Temperatura
Espumantes e vinhos brancos doces e brancos de sobremesa	6° e 8°
Brancos suaves e espumantes rosés	8° e 10°
Brancos secos e rosés tranquilos	10° e 12°
Grandes vinhos brancos e tintos leves, como Beaujolais e alguns alentejanos	12° e 14°
Tintos de médio corpo, alguns Borgonhas de Pinot Noir envelhecidos	14° e 16°

| Grandes tintos como Bordeaux, Porto Vintage, Barolos e Brunellos | 16º e 18º |

"O vinho tem o poder de encher a alma de toda a verdade, de todo o saber e filosofia".

François Rabelais

Armazenamento do Vinho

O nosso leitor, enófilo iniciante, não precisa se desesperar e sair correndo para adquirir a última geração de adega climatizada ou, imediatamente, contratar um pedreiro para construir uma cave embaixo da cozinha, salvo se você tem muito tempo para isso e recursos financeiros para além de construí-la, enchê-las de bons vinhos.

Como vimos anteriormente, a maioria dos vinhos presentes no mercado são para consumo quando ainda jovens, isso é, até 5 anos após a colheita da uva. Pensando nisso, os cuidados principais que temos que ter são o excesso de calor e a exposição à luz, fatores que afetam sobremaneira a qualidade do vinho.

Recomenda-se também que o vinho deva estar longe de iluminação excessiva, pois a luz provoca reações físico-químicas na bebida. Esse é um dos motivos por que a maioria das garrafas é escura.

Outro problema que pode afetar a qualidade do vinho é o ressecamento das rolhas provocado pela falta de umidade quando a garrafa é armazenada em pé.

O contato do vinho com o oxigênio pode alterar suas características. Por isso, a melhor forma de armazená-los deve ser com as garrafas na posição horizontal. Assim, o vinho em contato com a rolha impede que ela sofra ressecamento, o que poderia provocar espaçamento entre a garrafa e a própria rolha, permitindo o contato com o oxigênio.

A rolha de cortiça é um produto natural, obtido do processamento da casca do Sobreiro, uma árvore típica de Portugal, que também cresce na Espanha. A casca da árvore está pronta para a fabricação de rolhas a cada 9 anos.

A demanda por esse material cresce a cada ano e, devido à demora para maturação da casca para esse uso, novas alternativas foram desenvolvidas, como o uso da tampa *screw cap*, feita de metal maleável, que veda de maneira satisfatória a boca da garrafa.

As tampas screw cap são muito utilizadas para vinhos jovens, porém, muita gente associa esse tipo de vedação a uma qualidade inferior da bebida, o que não necessariamente corresponde à verdade. Nem sempre haverá a necessidade de uso de rolha de cortiça para vedar a garrafa de um vinho se uma outra alternativa é capaz de cumprir bem esse propósito.

Na Austrália esse tipo de vedação é altamente difundido. Por isso, não estranhe quando ver um canguru no rótulo e uma *screw cap* tapando a garrafa de um vinho australiano.

"O vinho torna tudo possível"

George R. R. Martin

Objetos Para Casa

Tenha vinho em casa, afinal nunca se sabe quando vai bater aquela vontade irresistível de libertar o líquido da garrafa e encher uma taça.

Além do óbvio acima, um bom saca-rolhas simples de espiral é essencial.

Taças finas no estilo *Fluêt* são as indicadas para espumantes, assim como as taças bojudas, no estilo Bordeaux são as mais versáteis para vinhos tintos.

Um decanter também pode ajudar bastante. Alguns vinhos, mesmo que não sejam de guarda, tendem a apresentar um melhor paladar depois de serem areados por um tempo nesse tipo de recipiente. Tal procedimento, faz com que odores provenientes do processo de produção sejam dissipados, sendo possível observar também um certo amaciamento dos taninos após o vinho descansar por alguns minutos no utensílio.

Se você costuma receber amigos em casa, uma champanheira ajudará bastante, conferindo charme especial à recepção. Você pode até cometer o sacrilégio de colocar algumas cervejas na champanheira para recepcionar seus convidados, o que não ficará feio.

"O bom vinho é um camarada bondoso e de confiança, quando tomado com sabedoria"

William Shakespeare

Beba com Responsabilidade

A maioria das pessoas adere ao consumo do vinho lá pelos 30 anos. Nessa idade, já se instalou nela a noção de comedimento.

Não dá para beber vinho como se bebe cerveja, até pode, mas os resultados não serão dos melhores.

Muitos vinhos, principalmente os doces e os fortificados "enganam" o consumidor. Enquanto um vinho tranquilo do Douro tem graduação alcoólica na faixa de 12,50, um Vinho do Porto chega a 190 ou 200, com o álcool muito bem integrado à bebida.

Facilmente a pessoa pode se embriagar com um pouco de vinho do Porto, essa graduação alcóolica é cerca de 4 vezes maior que a de uma cerveja comum.

Se a pessoa tem alguma doença que seja potencializada pelo álcool, ela precisa ter consciência de que a vida é mais importante que o prazer de uma taça de vinho e, simplesmente não deve consumi-la.

Caso a pessoa saiba que irá precisar dirigir após uma reunião social em que haverá bebida disponível, também não deverá beber. Não há limite seguro de álcool para o motorista, a tolerância dos órgãos de trânsito e do corpo é zero.

"A cerveja a fazem os homens, o vinho o faz Deus"

Martin Luther King

Beba Como Quiser

Esse livro não fala exatamente sobre regras, versa sobre informação. São conhecimentos iniciais para facilitar a escolha mais racional do vinho que você irá colocar na sua taça.

Caso queira colocar uma pedra de gelo em sua taça de vinho branco vá em frente.

Se quiser beber vinho tinto harmonizando com peixe, também pode, ninguém será processado por isso. Apesar de que essa experiência, especificamente, poderá ser um tanto desagradável.

Enfim, fique tranquilo para consumir o vinho que você adquiriu da maneira que lhe aprouver e seja feliz.

Tin! Tin!

Cin! Cin!

Salud!

Kampai!

Cheers!

Saúde!

GLOSSÁRIO

Açúcar residual: Açúcar remanescente do vinho após a fermentação.

Adega: Local onde o vinho é produzido. Pode designar também a loja especializada em venda de vinhos.

Adstringência: Sensação áspera na boca, como se estivesse com a boca seca.

Assemblage: Palavra de origem francesa que designa um processo de mistura de uvas no preparo do vinho.

Barrica: Tanque de carvalho usado para a fermentação ou para o amadurecimento do vinho.

Blanc de blancs: Espumante feito somente com uva branca.

Blanc de noirs: Espumante feito exclusivamente com uvas tintas.

Blend: Mistura de dois ou mais vinhos para produzir um determinado resultado, também pode ser chamado de corte.

Bouchonnée: Designação de um defeito do vinho, derivado da contaminação da rolha, que altera o paladar dele.

Brut: Classificação quanto ao nível de açúcar. Um vinho brut é seco.

Colheita tardia (Late Haverst): Refere-se a vinhos elaborados com uvas colhidas bem maduras, normalmente após o período normal de maturação. O vinho produzido com essas uvas é naturalmente doce, em razão da maior concentração de açúcar.

Corte bordalês: Corte original de Bordeaux, elaborado a partir da mistura de três diferentes tipos de uva, a Cabernet Sauvignon, Merlot, Cabernet Franc.

Corte: Designa vinhos produzidos a partir de uma mistura de distintas variedades de uvas.

Decanter: Recipiente geralmente feito de vidro ou cristal, usado para aerar o vinho ou para separar seus resíduos.

Demi-sec: Designação genérica para vinhos que sejam meio doces.

Desengace: É o nome dado ao processo de separar as uvas do cacho.

DOC: Denominação de Origem Controlada. Há diversas formas de designação, dependendo do país e cada uma tem uma regra própria. As mais comuns são: DOC (denominação de origem controlada), DOCG (denominação de origem controlada e garantida), DO (denominação de origem), AOC (apelação de origem controlada – França), IGT (indicação geográfica típica – Itália) e DOP (denominação de origem protegida – Espanha).

Enófilo: É a pessoa apaixonada por vinho, estudioso do mundo dos vinhos.

Enólogo: Quem tem formação e conhecimento profundo sobre enologia, que é a ciência da elaboração e fabricação de vinhos.

Extra Brut: Classificação quanto ao nível de açúcar. É o vinho totalmente seco.

Fermentação alcoólica: É a transformação do açúcar das uvas em álcool em razão da ação das leveduras.

Fermentação em garrafa: Processo usado para a elaboração de espumantes. Depois de engarrafado, o vinho desenvolve uma segunda fermentação na própria garrafa, em razão da ação das leveduras, cujo um dos elementos resultantes é o gás carbônico, as borbulhas do espumante.

Fermentação malolática: É a transformação do ácido málico em lático, por ação de bactérias lácticas. Pode ocorrer durante ou depois da fermentação alcóolica.

Ficha de degustação: Anotação feita durante uma degustação que descreve as impressões sobre o vinho. Geralmente há notas sobre o aspecto, o aroma, o teor alcóolico, a presença e o nível de taninos e a persistência no paladar.

Icewine: Tipo de vinho feito a partir de uvas congeladas na videira.

Late Harvest: Colheita tardia, em inglês. Pode designar vinhos doces, produzidos a partir de uvas colhidas com sobre maturação.

Método *Champenoise*: É o método tradicional de se produzir champanhe. Por este método, a segunda fermentação ocorre na própria garrafa.

Método *Charmat*: Método em que a segunda fermentação ocorre em grandes tanques de autoclave.

Mosto: Suco da uva resultante do processo inicial da prensagem, após a fermentação, irá se transformar em vinho.

Perlage: Palavra francesa que designa o conjunto de bolhas do espumante. É o termo usado para avaliar o espumante e engloba o tamanho das bolhas, a abundância e a persistência, ou seja, quanto tempo elas persistem na taça.

Persistência: Refere-se ao tempo que o sabor do vinho permanece na boca após ser degustado.

Sec: Classificação quanto ao nível de açúcar.

Sommelier: Profissional responsável pelas bebidas alcoólicas de um estabelecimento. Geralmente é associada ao profissional do vinho, mas pode ser de outra bebida e até mesmo de charutos.

Taça Bordeaux: taça de vinho cujo desenho foi criado para servir vinhos mais encorpados, como os tintos feitos com a uva Cabernet Sauvignon, uva símbolo da região de Bordeaux. Tem bojo grande e borda mais fechada para evitar a dispersão dos aromas.

Taça Borgonha: taça de vinho cujo modelo foi desenvolvido para extrair as melhores qualidades dos vinhos mais delicados, como os vinhos feitos com a uva Pinot Noir, uva símbolo da região de Borgonha.

Taça *Flûte*: é a taça fina e comprida, usada para servir espumantes, proseccos, cavas e champanhes.

Tanino: No vinho é a substância de origem nas cascas da uva, dos engaços ou até mesmo da barrica, onde o vinho é amadurecido, que causa a sensação ressecamento na boca e aporta outras características ao vinho.

Terroir: É uma palavra francesa sem tradução em nenhum outro idioma. Significa a relação mais íntima entre o solo e o microclima particular da região, que concebe o nascimento de um tipo de uva, que expressa livremente sua qualidade, tipicidade e identidade em um grande vinho, sem que ninguém consiga explicar o porquê (fonte: guia Larousse).

Uva vinífera: São as uvas mais usadas na vinificação. As uvas normalmente usadas para a alimentação são as uvas não-viníferas.

Varietal: É o vinho feito predominantemente com o mesmo tipo de uva, podendo, porém, haver pequena mistura de uvas, não sendo obrigatório em sua composição 100% da mesma variedade de uva.

O percentual varia de acordo com a legislação de cada país, podendo ser de, no mínimo, 85% ou 75% da variedade que dá nome ao vinho. Pode também ser chamado de monovarietal ou monocasta.

Vindima: Pode designar a uva ou a colheita dos cachos de uva. Designa, também, o conjunto de cachos depois de colhidos. A escolha da data da vindima é muito importante para a qualidade do vinho.

Vinhedo: Conjunto de vinhas cultivadas em determinado local.

Vinícola: Local onde é produzido o vinho.

Vinicultura: Arte de produzir vinhos.

Vintage: Palavra de origem inglesa. Na sua origem designava o ano da colheita das uvas usadas para a elaboração de determinado vinho. Atualmente essa palavra é usada também para designar um vinho bastante envelhecido ou de especial qualidade.

Viticultura: Palavra relacionada ao cultivo da vinha.

Como será a experiência do próximo vinho que você vai beber?

Tenho certeza que vai ser diferente. Qualquer que tenha sido a sua conclusão sobre esse livro gostaria que deixasse seu comentário na Amazon. Isso é muito importante e vai me ajudar a corrigir o que possa não ter ficado legal, bem como produzir mais conteúdo de qualidade que vai auxiliar você a avançar nesse maravilhoso mundo dos vinhos.

Obrigado, saúde!

www.ingramcontent.com/pod-product-compliance
Lightning Source LLC
Chambersburg PA
CBHW022109170526
45157CB00004B/1554